Sommario

- Protezione dei dati personali
- Come evitare le truffe e gli scam

8. Conclusioni e prospettive future delle criptovalute

- Analisi dei trend del mercato delle criptovalute
- Prospettive future del trading di criptovalute
- Considerazioni finali e raccomandazioni per il futuro

CRIPTOVALUTE E BLOCKCHAIN: IL FUTURO DEL DENARO DIGITALE.

1. INTRODUZIONE ALLE CRIPTOVALUTE

Mentre il mondo della tecnologia e del denaro digitale continua ad evolversi, le criptovalute e la tecnologia blockchain sono diventate sempre più popolari tra coloro che cercano di fare soldi online. Con molte persone in tutto il mondo che ora si rivolgono a fonti online per generare reddito, è importante comprendere il potenziale delle criptovalute e della blockchain come un modo praticabile per i principianti di iniziare a fare soldi. Le criptovalute stanno guadagnando terreno per la loro capacità di fornire maggiore sicurezza, trasparenza e mobilità nelle transazioni. Ecco alcuni dei modi in cui puoi utilizzare le criptovalute e la tecnologia blockchain per fare soldi online.

Definizione Di Criptovaluta

La criptovaluta è una forma di valuta digitale che utilizza la crittografia per la sicurezza. Le criptovalute sono decentralizzate, il che significa che nessuna singola entità le controlla. Sono anche immutabili, il che significa che una volta effettuata una transazione non può essere annullata o modificata. Ciò rende le criptovalute estremamente sicure e resistenti alla manipolazione. Un'altra caratteristica chiave delle criptovalute è la loro capacità di spostare fondi in modo rapido ed economico in tutto il mondo senza fare affidamento sui sistemi bancari tradizionali. Ciò ha permesso a molte aziende di espandersi in nuovi mercati utilizzando la tecnologia blockchain alla base delle criptovalute. La tecnologia blockchain che alimenta le transazioni di criptovaluta è un sistema di registro distribuito in cui tutte le transazioni passate vengono registrate in blocchi e collegate tra loro utilizzando metodi crittografici. Utilizzando questo sistema, gli utenti possono garantire che nessun altro possa accedere o modificare i propri dati finanziari senza la loro autorizzazione. Inoltre, la natura basata sul consenso della blockchain garantisce che tutti i soggetti coinvolti in una transazione siano d'accordo sulla sua validità prima che possa essere aggiunta al libro mastro, fornendo un ulteriore livello di sicurezza per i fondi degli utenti e impedendo agli aggressori di manomettere i fondi o effettuare una doppia spesa. monete. Anche il libro mastro blockchain è immutabile e non può essere modificato da nessuna parte una volta che la transazione è stata completata. Una volta che il record è stato creato, non può essere modificato, il che significa che gli utenti godono di un elevato livello di privacy e sicurezza quando utilizzano questa tecnologia.

Storia Della Criptovaluta

La criptovaluta è emersa per la prima volta nel 2009 con il lancio di Bitcoin, una valuta digitale decentralizzata costruita su una tecnologia di registro distribuito chiamata blockchain. Blockchain è una rete aperta, sicura e trasparente che registra tutte le transazioni tra due parti senza doversi fidare di terzi. Questa tecnologia rivoluzionaria ha aperto la strada a nuovi tipi di criptovalute, come Ethereum e Litecoin, che offrono velocità di transazione più elevate e maggiore sicurezza rispetto a Bitcoin. Oltre a questi vantaggi, le criptovalute basate su blockchain forniscono anche una maggiore privacy rispetto alle valute tradizionali a causa della natura anonima delle sue transazioni. Sin dal suo inizio, la criptovaluta ha guadagnato terreno sia tra gli investitori che tra le aziende. Man mano che sempre più persone diventano consapevoli dei suoi potenziali benefici, la domanda di queste risorse digitali ha continuato a crescere nel tempo. Questa domanda ha successivamente portato a un aumento della capitalizzazione di mercato della criptovaluta che ora supera i $ 200 miliardi di dollari, rendendola una delle classi di attività più ricercate oggi disponibili. Con più paesi che iniziano ad accettare la criptovaluta come forma legittima di pagamento e veicolo di investimento, sembra probabile che questa asset class emergente continuerà a ottenere ulteriore accettazione negli anni a venire. Con il mercato delle criptovalute che continua a registrare guadagni record, ora è più importante che mai per investitori e speculatori avere una comprensione dettagliata di come funzionano questi asset.

La Tecnologia Blockchain E Il Suo Funzionamento

La tecnologia Blockchain è un libro mastro digitale decentralizzato che registra le transazioni cronologicamente e pubblicamente senza la necessità di una terza parte. Funziona facendo in modo che i nodi in una rete confermino e convalidino ogni transazione, quindi viene archiviata in blocchi con timestamp. Una volta che un blocco è stato aggiunto alla catena, nessuno può manometterlo o cancellarne i dati. Ciò garantisce che tutte le transazioni siano sicure e affidabili. Inoltre, la tecnologia blockchain elimina il rischio di doppia spesa in quanto ogni transazione può essere utilizzata solo una volta. Ciò fornisce un ulteriore livello di sicurezza rispetto ai sistemi bancari tradizionali in cui la doppia spesa era più comune. Inoltre, la tecnologia blockchain consente agli utenti di tenere traccia delle proprie transazioni in tempo reale, il che aiuta a garantire la trasparenza all'interno del sistema e una maggiore fiducia tra i partecipanti alla rete. Infine, la tecnologia blockchain ha commissioni di transazione basse poiché non c'è bisogno di intermediari come le banche né gli utenti devono pagare una commissione ogni volta che effettuano una transazione sulla rete. Tuttavia, questa tecnologia non è perfetta. Ha ancora problemi da risolvere e ci vorrà del tempo prima che diventi la norma nel settore finanziario. Alcuni dei principali difetti della blockchain sono i suoi problemi di scalabilità, la sua mancanza di privacy e problemi di sicurezza. Questi problemi sono dovuti al fatto che la blockchain è una tecnologia relativamente nuova e non è ancora stata sviluppata abbastanza da poter essere applicata su larga scala. Ci sono anche alcuni problemi con l'archiviazione dei dati, specialmente per le blockchain pubbliche che come per i Bitcoin. Tuttavia, ci sono già aziende che lavorano per risolvere questi problemi e la tecnologia si sta evolvendo a un ritmo molto veloce.

Vantaggi Della Blockchain.

Uno dei principali vantaggi della blockchain è la sua capacità di fornire un sistema sicuro ed efficiente per le transazioni digitali. Le transazioni sulla blockchain sono immutabili, il che significa che non possono essere modificate o annullate una volta effettuate. Ciò garantisce che i dati di pagamento rimangano al sicuro e prevenga frodi e doppie spese. Inoltre, le transazioni su una rete blockchain sono più veloci rispetto ai metodi tradizionali. Le transazioni possono avvenire quasi istantaneamente, eliminando la necessità di intermediari di terze parti come banche o processori di pagamento. Ciò lo rende un'opzione interessante per le aziende e i privati che desiderano trasferire rapidamente fondi oltre confine senza dover affrontare lunghi tempi di elaborazione e commissioni di transazione elevate. Un altro vantaggio della tecnologia blockchain è la sua natura decentralizzata. A differenza dei sistemi centralizzati come le banche, che memorizzano tutte le informazioni in un'unica posizione, le blockchain utilizzano registri distribuiti che sono archiviati su più nodi in tutto il mondo. Ciò elimina ogni singolo punto di errore e rende virtualmente impossibile per gli hacker accedere a dati finanziari sensibili o manomettere i record in qualsiasi modo. Inoltre, poiché non esiste un'autorità centrale che controlla il protocollo blockchain, gli utenti hanno il pieno controllo sui propri fondi senza dover fare affidamento su entità esterne come banche o governi. Vale la pena notare che mentre la tecnologia blockchain è incredibilmente sicura, non è completamente invulnerabile. Come con qualsiasi nuova tecnologia, ci sono ancora alcuni bug da risolvere e problemi da risolvere. Tuttavia, la tecnologia viene costantemente migliorata man mano che la sua popolarità cresce. La tecnologia blockchain è già utilizzata in una varietà di industrie e settori diversi. Il settore finanziario è uno degli esempi più ovvi, poiché la blockchain offre la possibilità di registrare transazioni bancarie in modo rapido ed efficiente, con evidenti vantaggi sia per le banche che per i loro clienti.

2. COME FUNZIONANO LE CRIPTOVALUTE

Le criptovalute utilizzano un sistema di registro decentralizzato, noto anche come blockchain, per archiviare e trasferire fondi. Le transazioni vengono registrate sulla blockchain e verificate da una rete di computer. Ogni volta che viene effettuata una transazione, questa viene aggiunta alla catena di blocchi come "blocco" in ordine cronologico. Affinché una transazione sia valida, deve essere convalidata da almeno il 51% dei computer della rete. Ciò rende difficile per gli hacker manomettere i record o annullare le transazioni poiché la maggior parte dei nodi dovrebbe concordare eventuali modifiche. Le criptovalute sono inoltre protette utilizzando la tecnologia di crittografia che impedisce la doppia spesa o l'ingresso in circolazione di denaro contraffatto. Le criptovalute utilizzano anche portafogli digitali che consentono agli utenti di archiviare i propri fondi in modo sicuro consentendo loro l'accesso quando ne hanno bisogno senza doversi preoccupare che nessun istituto finanziario o terze parti memorizzino le loro informazioni. Tutte le transazioni sono anonime e sicure, il che le rende opzioni molto interessanti per coloro che desiderano mantenere private le proprie finanze. Le criptovalute non sono regolamentate dal governo, quindi non esiste un modo ufficiale per ottenerne il possesso. Tuttavia, ci sono alcuni modi in cui puoi iniziare con le criptovalute. Per prima cosa, puoi estrarli. Questo è un processo in cui il tuo computer risolve enigmi complessi per verificare le transazioni sulla blockchain. La ricompensa per farlo è Bitcoin, Ethereum o altre criptovalute appena creati,In secondo luogo, puoi acquistarli da uno scambio allo stesso modo in cui potresti acquistare un'azione. Dovresti semplicemente collegare il tuo conto bancario o la tua carta di credito all'exchange, quindi utilizzare i fondi per acquistare la tua criptovaluta preferita. Infine, se stai cercando un investimento più speculativo, puoi anche scambiare criptovalute.

Mining E Verifica Delle Transazioni

Il mining e la verifica delle transazioni sono due delle caratteristiche più importanti di una blockchain. Il mining è il processo mediante il quale le transazioni tra utenti vengono convalidate e aggiunte a un libro mastro pubblico, noto come blockchain. Questo processo richiede hardware specializzato che risolva complessi problemi matematici per verificare la proprietà delle risorse in valuta digitale. Una volta completato questo processo, gli utenti possono inviare valuta digitale attraverso la rete senza alcun coinvolgimento di terze parti. La verifica delle transazioni è un passaggio aggiuntivo utilizzato per garantire che tutte le transazioni siano autentiche e non fraudolente. Questo processo utilizza algoritmi crittografici per verificare ogni transazione prima che venga aggiunta al libro mastro pubblico. Verificando ogni transazione, i minatori aiutano a garantire che tutti i partecipanti a una determinata rete possano fidarsi l'uno dell'altro e scambiare in sicurezza valuta digitale senza alcun rischio di frode o doppia spesa. Man mano che le criptovalute diventano più ampiamente accettate, il mining e la verifica delle transazioni rimarranno componenti integrali per garantire il loro successo in futuro. Da un punto di vista economico, ciò che rende interessanti le criptovalute è il fatto che eliminano la necessità di una banca centrale o di un altro intermediario. Gli utenti possono scambiare valuta senza il coinvolgimento di alcun istituto finanziario o governo. La rete è protetta attraverso il consenso distribuito. Questo meccanismo garantisce la validità e l'accuratezza di ogni transazione, prevenendo frodi e interferenze di terzi. Man mano che le valute digitali diventano più popolari, è probabile che le persone le utilizzino per qualcosa di più del semplice trading.

Wallets Per Criptovalute

I portafogli per criptovalute sono essenziali per proteggere e gestire le transazioni in valuta digitale. Forniscono i mezzi per archiviare, inviare e ricevere criptovaluta, in modo simile a come i portafogli tradizionali immagazzinano denaro fisico. Esistono due tipi di portafogli: portafogli caldi e portafogli freddi. I portafogli caldi sono connessi a Internet mentre i portafogli freddi no. I portafogli caldi sono più convenienti ma meno sicuri dei portafogli freddi, che offrono una maggiore sicurezza ma richiedono molto impegno per la configurazione. Tutti i possessori di criptovaluta dovrebbero creare un portafoglio offline in quanto aiuta a proteggere i propri fondi dal furto o dall'hacking da parte di malintenzionati su Internet. Si consiglia agli utenti di conservare solo una piccola quantità di criptovaluta nel proprio portafoglio caldo, con la maggior parte archiviata in un portafoglio offline per la massima sicurezza. Inoltre, gli utenti dovrebbero eseguire il backup delle proprie chiavi private in modo sicuro in quanto forniscono l'accesso a tutti i fondi archiviati quando necessario. Gli scambi di criptovaluta sono siti Web che consentono agli utenti di scambiare criptovalute con altri asset, come la valuta fiat. Gli scambi forniscono molte funzionalità e strumenti per aiutare i trader, inclusi grafici dei prezzi e registri degli ordini in tempo reale.

Trading Di Criptovalute

Il trading di criptovalute è un nuovo modo di investire in valute digitali. Implica l'acquisto e la vendita di diversi tipi di criptovalute sugli scambi, con l'obiettivo di realizzare un profitto. I trader devono comprendere il mercato ed essere pronti ad assumersi dei rischi per realizzare profitti. È importante che i trader facciano ricerche prima di investire poiché sono disponibili molte diverse criptovalute, ognuna con le proprie caratteristiche uniche e potenziali rendimenti. Inoltre, è anche importante selezionare uno scambio affidabile che offra buone misure di sicurezza e commissioni di transazione basse. Ciò garantirà che i tuoi fondi rimangano al sicuro mentre fai trading online.

Infine, i trader dovrebbero anche considerare la volatilità dei mercati quando decidono quanti soldi vogliono investire nelle criptovalute poiché possono sperimentare oscillazioni di prezzo significative sia al rialzo che al ribasso in brevi periodi di tempo.

3. ANALISI DELLE CRIPTOVALUTE

L'analisi delle criptovalute è un passaggio fondamentale per comprendere il potenziale valore delle risorse digitali. Studiando le tendenze economiche, tecniche e di mercato di una particolare criptovaluta, gli investitori possono prendere decisioni informate sull'opportunità o meno di investire in essa. Un modo per iniziare è osservare il numero di transazioni associate a un particolare asset. Queste informazioni possono fornire informazioni su quanta domanda c'è per la moneta, nonché sulla sua liquidità. Inoltre, un'analisi potrebbe includere una valutazione della tecnologia alla base di una moneta, come l'algoritmo di consenso e la dimensione del blocco, per determinare la scalabilità e la velocità complessive rispetto ad altre monete della stessa categoria. Infine, è importante considerare fattori come le normative, il livello di esperienza del team di sviluppo, i dati sulla capitalizzazione di mercato e le eventuali pietre miliari della roadmap imminente quando si valutano i potenziali investimenti in progetti di criptovaluta.

Analisi Tecnica Delle Criptovalute

L'analisi tecnica (TA) è uno strumento importante per comprendere le tendenze e prevedere il prezzo futuro di una criptovaluta. L'analisi tecnica esamina le prestazioni storiche di una moneta e tenta di identificare i modelli che possono essere utilizzati per prevedere le prestazioni future. Implica l'osservazione del prezzo, del volume, dello slancio e di altri indicatori per determinare quando potrebbe essere il momento giusto per acquistare o vendere un determinato asset crittografico. Studiando questi modelli, i trader possono prendere decisioni informate su quanto dovrebbero investire in una data criptovaluta. L'AT può anche aiutare a identificare possibili punti di ingresso e di uscita per gli investimenti al fine di massimizzare i rendimenti. Inoltre, gli investitori possono utilizzare l'AT come parte della loro strategia complessiva di gestione del rischio limitando l'esposizione nei periodi in cui le condizioni di mercato appaiono sfavorevoli. In definitiva, l'analisi tecnica è uno strumento inestimabile per i trader di criptovalute che cercano di prendere decisioni informate sui propri investimenti.

Analisi Fondamentale Delle Criptovalute

L'analisi fondamentale delle criptovalute comporta la valutazione dei fattori alla base del valore di una criptovaluta. Questo tipo di analisi richiede una comprensione approfondita della tecnologia, dell'economia e dei casi d'uso che ne determinano i movimenti di prezzo. Gli analisti esaminano fattori come la percezione e il sentimento del pubblico nei confronti di una criptovaluta, i cambiamenti di politica economica che possono influenzare la domanda o l'offerta, gli sviluppi tecnici che incidono sull'usabilità o la scalabilità dell'asset e qualsiasi altra influenza esterna sul suo valore. L'analisi fondamentale tiene conto dei cicli di mercato sia a breve che a lungo termine per ottenere informazioni su dove potrebbe essere diretta una criptovaluta in termini di livelli di prezzo in determinati periodi. Gli analisti fondamentali considerano anche come le nuove tecnologie come la blockchain potrebbero plasmare la domanda futura di token o monete specifici. Possono anche esaminare le tendenze macro globali globali che potrebbero influenzare le valute digitali nel loro complesso, come l'aumento dell'instabilità politica, il cambiamento delle normative o le nuove applicazioni per la tecnologia blockchain.

Fattori Che Influenzano Il Prezzo Delle Criptovalute

Uno dei fattori chiave che influenzano il prezzo delle criptovalute è la domanda e l'offerta. Quando la domanda di un particolare criptovaluta aumenta, il suo prezzo aumenterà di conseguenza. D'altra parte, quando c'è abbondanza della stessa criptovaluta sul mercato, il suo prezzo scenderà. Questo perché più persone stanno cercando di acquistarlo a un prezzo più alto di quello disponibile per la vendita, il che fa aumentare i prezzi e provoca volatilità nei mercati. Un altro fattore che influenza i prezzi delle criptovalute è il sentimento degli investitori. Se gli investitori ritengono che una determinata valuta digitale abbia il potenziale per crescere di valore nel tempo, potrebbero essere disposti ad acquistarne di più con l'intenzione di trattenere le proprie monete invece di negoziarle in borsa o spenderle in beni o servizi. Il conseguente aumento della domanda può portare a un'impennata dei prezzi e a una maggiore volatilità nei mercati. Infine, anche le normative imposte dai governi possono avere un impatto sul prezzo delle criptovalute. È noto che paesi come la Cina impongono normative rigorose che limitano l'accesso alle risorse crittografiche e limitano le attività di trading all'interno dei propri confini: ciò può causare il panico tra gli investitori che vendono le proprie partecipazioni portando a forti diminuzioni dei prezzi tra diverse valute digitali. Esistono quattro modi principali per acquistare criptovalute. Puoi acquistarli tramite uno scambio con valute legali (ovvero USD, EUR e JPY), puoi acquistarle con altre criptovalute, puoi estrarle o puoi utilizzare una combinazione di questi metodi per acquistarle, tramite un broker che potete contattare personalmente. Acquistare criptovalute con valute fiat: questo è il modo più comune per acquistare valute digitali ed è anche il più semplice. Puoi acquistqre criptovalute tramite il trading di CFD su una piattaforma come eToro o tramite exchange di criptovalute come Coinbase, Bitstamp e Kraken o infine estraendoli tu stesso.

4. LE PRINCIPALI CRIPTOVALUTE

Bitcoin è la criptovaluta più popolare e ampiamente utilizzata. È stato creato nel 2009, rendendolo una delle prime valute digitali. Bitcoin consente agli utenti di trasferire fondi direttamente tra loro senza la necessità di un intermediario, come una banca o una società di carte di credito. Le transazioni vengono registrate su un registro pubblico decentralizzato noto come blockchain, che aggiunge un ulteriore livello di sicurezza e rende difficile per ogni singola entità manipolare o controllare la valuta. Ethereum è un'altra popolare criptovaluta che ha guadagnato terreno negli ultimi anni grazie alla sua flessibilità e capacità di supportare contratti intelligenti e applicazioni decentralizzate (dApp). A differenza di Bitcoin, che si concentra esclusivamente sulla fornitura di una piattaforma di valuta digitale, Ethereum può essere utilizzato anche per una varietà di altri scopi, come la creazione di token che rappresentano risorse fisiche come oro o argento. Infine, Litecoin è un'altra criptovaluta che funziona in modo simile a Bitcoin ma con tempi di transazione più rapidi grazie al suo utilizzo dell'algoritmo di hashing Scrypt invece di SHA-256 come fa Bitcoin. Ciò lo rende particolarmente attraente per coloro che desiderano trasferimenti rapidi tra portafogli diversi. Sebbene sia facile capire come vengono create le criptovalute, ciò che è più difficile è sapere come possono essere regolate. Ricorda che queste valute non sono emesse da governi o banche centrali, ma piuttosto da un gran numero di utenti e minatori sparsi in tutto il mondo.

Bitcoin

I bitcoin sono il tipo più popolare di criptovaluta. Sono valute digitali che utilizzano una tecnologia decentralizzata peer-to-peer per consentire trasferimenti di denaro sicuri e anonimi tra utenti. I bitcoin possono essere utilizzati per acquisti online e nei negozi fisici, nonché per ricevere pagamenti per beni e servizi. La blockchain è la tecnologia alla base di Bitcoin. È un libro mastro distribuito che registra tutte le transazioni in modo sicuro e trasparente, eliminando la necessità che terze parti come banche o altri istituti finanziari le elaborino. Questo lo rende più veloce, più economico e più sicuro rispetto ai sistemi di pagamento tradizionali. Bitcoin offre inoltre agli utenti una maggiore privacy quando effettuano transazioni poiché tutti i dati vengono archiviati sulla propria rete invece di essere condivisi con una terza parte. Le potenziali applicazioni di Bitcoin sono illimitate: dall'acquisto di beni online al pagamento degli stipendi in località remote senza fare affidamento su sistemi bancari lenti o costose commissioni di trasferimento. Man mano che sempre più persone vengono a conoscenza di questa nuova forma di denaro digitale, la sua popolarità continuerà a crescere e potrebbe diventare il futuro del denaro digitale in tutto il mondo.

Ethereum

Ethereum è una delle criptovalute più popolari ed è diventata una parte importante del panorama delle criptovalute. Ethereum è una piattaforma basata su blockchain che consente agli sviluppatori di creare applicazioni decentralizzate (dApp) su di essa. L'obiettivo di Ethereum è creare un sistema finanziario più aperto, sicuro e trasparente, facilitando agli sviluppatori la creazione di potenti applicazioni con la sua solida infrastruttura. Ethereum offre anche la possibilità di contratti intelligenti che sono accordi digitali che vengono applicati tramite codice anziché un sistema legale. Questi contratti intelligenti consentono agli utenti di trasferire in modo sicuro denaro e contenuti senza fare affidamento su terze parti o autorità centralizzate. Inoltre, Ethereum offre strumenti come "gas" che possono essere utilizzati per pagare le commissioni associate alle transazioni effettuate sulla rete. Ciò rende molto più facile per gli utenti inviare pagamenti in modo rapido e sicuro senza la necessità di ulteriori intermediari o servizi di intermediazione. Tutto sommato, Ethereum offre numerosi vantaggi rispetto ai sistemi bancari tradizionali, rendendolo un'opzione interessante per coloro che considerano la criptovaluta come una forma di denaro digitale.

Litecoin

Litecoin è una delle criptovalute più antiche e popolari in circolazione. È stato creato nel 2011 da Charlie Lee, un ex ingegnere di Google. Litecoin si basa sulla stessa tecnologia di Bitcoin ma ha alcune caratteristiche uniche che lo distinguono dalle altre valute digitali, come tempi di elaborazione più rapidi e commissioni di transazione inferiori. Come Bitcoin, utilizza un meccanismo di consenso proof-of-work per verificare le transazioni e garantire la sicurezza della rete. Tuttavia, il suo algoritmo di mining richiede meno potenza di calcolo rispetto all'algoritmo di Bitcoin, rendendolo più accessibile ai singoli minatori che potrebbero non avere accesso a costose apparecchiature di mining. Con commissioni di transazione inferiori rispetto ad altre criptovalute, Litecoin viene spesso utilizzato per pagamenti più piccoli e transazioni online in cui la velocità conta più del risparmio sui costi. Fornisce inoltre una maggiore privacy attraverso l'uso della tecnologia Segregated Witness (SegWit) che consente agli utenti di inviare monete senza rivelare i loro indirizzi o spendere la cronologia sulla blockchain. Mentre il denaro digitale continua ad evolversi con nuove tecnologie come la blockchain, Litecoin rimane uno dei principali contendenti per diventare una forma ampiamente accettata di valuta digitale in futuro.

Ripple

Ripple è un protocollo di pagamento distribuito open source e una criptovaluta. È stato creato nel 2012 da Ripple Labs Inc., una società tecnologica con sede negli Stati Uniti. La moneta viene utilizzata principalmente per pagamenti transfrontalieri, rimesse e cambi di valuta. Viene anche utilizzato come valuta ponte durante il trasferimento tra diverse valute digitali. Ripple ha un meccanismo di consenso unico chiamato Ripple Protocol Consensus Algorithm (RPCA), che funziona per prevenire la doppia spesa e mantenere l'integrità della rete. A differenza di altre criptovalute come Bitcoin o Ethereum, che dispongono di un sistema di prova del lavoro per convalidare le transazioni, Ripple utilizza la propria tecnologia di registro distribuito per garantire che tutte le transazioni siano valide e sicure. Ciò lo rende più rapido ed efficiente rispetto ai tradizionali metodi di trasferimento di denaro. Inoltre, Ripple presenta alcuni vantaggi rispetto ad altre criptovalute come le sue basse commissioni di transazione, velocità di transazione elevate e potenziale di scalabilità grazie alla sua struttura blockchain autorizzata. Tutte queste caratteristiche lo rendono un'opzione interessante per le banche che cercano un modo più veloce per trasferire fondi oltre confine senza fare affidamento su costose terze parti come Western Union o MoneyGram International.

Bitcoin Cash

Bitcoin Cash è una criptovaluta sviluppata nel 2017 come hard fork della blockchain originale di Bitcoin. È stato creato come risultato di un'iniziativa per aumentare il limite della dimensione del blocco su Bitcoin, consentendo l'esecuzione di più transazioni. La principale differenza tra Bitcoin Cash e il suo predecessore è che ha tempi di transazione più rapidi e commissioni inferiori rispetto alla catena originale. Inoltre, consente blocchi più grandi in modo da poter elaborare più transazioni contemporaneamente. Questo lo rende più facile da usare per le persone comuni che non hanno accesso a complicati portafogli o piattaforme di trading. Ad esempio, i commercianti che accettano pagamenti in Bitcoin Cash sono in grado di elaborare più clienti senza dover attendere lunghi periodi di tempo prima che le loro transazioni vadano a buon fine. Fornisce inoltre agli utenti una maggiore sicurezza attraverso i suoi potenti protocolli di crittografia che rendono difficile per gli hacker o altri attori malintenzionati l'accesso ai fondi degli utenti. Nel complesso, Bitcoin Cash sta diventando sempre più popolare tra gli appassionati di criptovaluta grazie ai suoi numerosi vantaggi rispetto ad altre valute digitali e alla natura open source che consente agli sviluppatori di creare applicazioni innovative in cima alla rete.

Altre Criptovalute Di Interesse

Una delle criptovalute più popolari è Ethereum, una piattaforma per applicazioni decentralizzate. Funziona in modo diverso da Bitcoin perché consente agli sviluppatori di creare i propri token e applicazioni digitali all'interno della sua rete blockchain. Ethereum ha anche alcuni vantaggi distinti rispetto a Bitcoin, inclusi tempi di transazione più rapidi e commissioni più basse. Altre criptovalute interessanti includono Litecoin, progettato per essere più facile da usare rispetto a Bitcoin; Dash, che offre transazioni veloci con conferme quasi istantanee; Zcash, che si concentra sulla privacy; e Ripple (XRP), progettato per banche e reti di pagamento. Tutte queste monete si basano su diversi algoritmi che offrono vantaggi diversi rispetto ad altre valute digitali disponibili oggi. Tutti hanno le loro caratteristiche e caratteristiche uniche che li rendono investimenti interessanti per chi è interessato al trading o agli investimenti di criptovaluta.

5. STRATEGIE DI INVESTIMENTO IN CRIPTOVALUTE

Uno degli aspetti più importanti dell'investimento in criptovaluta è determinare una strategia appropriata. Esistono diverse strategie che gli investitori possono utilizzare per prendere decisioni quando investono in criptovalute. La prima strategia è diversificare gli investimenti in diverse criptovalute e progetti blockchain. Questo aiuta a distribuire il rischio e garantisce che eventuali perdite non siano troppo gravi se una particolare valuta o progetto fallisce. Inoltre, gli investitori dovrebbero anche ricercare i fondamenti di ciascuna criptovaluta in cui investono, come la sua tecnologia, il tasso di adozione e la scalabilità. In questo modo li aiuterà a comprendere meglio come i loro investimenti potrebbero comportarsi nel tempo. Un'altra strategia di investimento popolare per le criptovalute è acquistare a basso prezzo e vendere a prezzo alto. Identificando le monete con potenziale di crescita e acquistandole prima che il loro valore aumenti in modo significativo, gli investitori possono massimizzare i loro guadagni dall'apprezzamento del valore nel tempo. Tuttavia, ciò richiede una buona comprensione dell'analisi tecnica e del sentimento del mercato in modo che gli investitori possano prevedere con precisione quali criptovalute potrebbero aumentare o diminuire di valore in futuro. Infine, i trader di criptovalute dovrebbero anche prendere in considerazione l'impostazione di ordini di stop loss sulle negoziazioni per limitare le perdite se si verifica un improvviso cambiamento delle condizioni di mercato o se i prezzi scendono improvvisamente al di sotto dei livelli di aspettativa.

Day Trading

Il day trading è una forma sempre più popolare di investimento in criptovalute. Implica l'acquisto e la vendita di criptovalute nello stesso giorno per capitalizzare le fluttuazioni dei prezzi a breve termine. Questo tipo di trading richiede molta conoscenza ed esperienza tecnica, oltre a disciplina e pazienza, poiché è più difficile prevedere i movimenti dei prezzi a breve termine rispetto a quelli a lungo termine. I day trader devono sentirsi a proprio agio nell'assumere rischi e disposti ad accettare perdite se i loro investimenti non vanno a buon fine. I vantaggi del day trading sono che può fornire rendimenti più elevati rispetto alle tradizionali strategie di investimento buy-and-hold, ma comporta anche un profilo di rischio più elevato a causa del periodo di tempo più breve. Il potenziale per grandi profitti deriva dal fatto che anche piccoli cambiamenti nei prezzi delle attività sottostanti possono comportare guadagni o perdite significativi se sfruttati con leva su più operazioni in un solo giorno. Inoltre, la leva finanziaria consente agli investitori con fondi limitati di aumentare il ritorno sull'investimento amplificando i guadagni e riducendo al minimo il rischio di ribasso allo stesso tempo. Poiché il denaro digitale continua a svolgere un ruolo sempre più importante nella nostra economia e società, la tecnologia blockchain offre ulteriori vantaggi a coloro che sono interessati al day trading di criptovalute come Bitcoin, Ethereum e Litecoin, tra cui maggiore trasparenza, maggiore sicurezza attraverso registri decentralizzati e minori commissioni di transazione rispetto a banche o altri istituti finanziari. Con questo ultimo progresso tecnologico unito a reali opportunità di profitto attraverso un'attenta analisi di mercato, gli investitori esperti possono guardare al day trading di criptovalute come un'opzione interessante per fare soldi online nel 2021 e oltre.

Swing Trading

Lo swing trading è un tipo di strategia di investimento in cui i trader mirano a capitalizzare i movimenti di prezzo a breve termine nei mercati delle criptovalute. Gli swing trader entrano ed escono dalle negoziazioni in base ai modelli che osservano nei prezzi nel tempo. La chiave per uno swing trading di successo è identificare importanti livelli di supporto e resistenza, nonché linee di tendenza, per determinare quando acquistare e vendere.

Utilizzando strumenti di analisi tecnica come medie mobili, bande di Bollinger e Relative Strength Index (RSI), gli swing trader possono identificare aree di potenziali punti di ingresso o di uscita che possono rappresentare buone opportunità di acquisto o vendita. Inoltre, comprendere il sentimento del mercato può essere utile per gli swing trader poiché può fornire informazioni su quando la maggior parte dei partecipanti sta entrando o uscendo dal mercato, il che potrebbe indicare un cambio di direzione. Come per tutti gli investimenti, ci sono rischi associati allo swing trading di criptovalute. Ad esempio, l'estrema volatilità dei prezzi potrebbe causare l'attivazione degli stop loss prima del previsto, con conseguenti perdite che superano gli importi previsti. Inoltre, ci sono stati casi di frode all'interno di alcuni scambi di criptovalute che potrebbero anche portare a perdite monetarie per gli investitori. È importante che gli investitori facciano sempre la dovuta diligenza prima di investire in qualsiasi asset class, comprese le criptovalute e la tecnologia blockchain, in modo da comprendere tutti i rischi associati prima di prendere qualsiasi decisione sul proprio denaro.

Hodling

HODLing è il processo di acquisto e detenzione di un asset digitale, come una criptovaluta, per un lungo periodo di tempo al fine di beneficiare del suo apprezzamento a lungo termine. HODLing può essere visto come un modo efficace per generare reddito passivo attraverso plusvalenze senza dover negoziare attivamente o investire in altre attività. La strategia prevede l'acquisto di un asset crittografico a un costo inferiore e quindi il suo mantenimento fino a quando il suo valore non aumenta nel tempo. È importante ricordare che poiché le criptovalute sono volatili, non vi è alcuna garanzia che il valore si apprezzi e bisogna prestare attenzione quando si investe. Inoltre, richiede disciplina e pazienza poiché le fluttuazioni dei prezzi potrebbero causare perdite se non monitorate attentamente. Man mano che la tecnologia blockchain continua a progredire, HODLing potrebbe diventare ancora più popolare tra gli investitori grazie al suo potenziale di guadagni a lungo termine con il minimo sforzo.

Dca (Dollar Cost Averaging)

Dollar Cost Averaging (DCA) è una strategia che può essere utilizzata per acquistare criptovalute come Bitcoin. Questa tecnica prevede l'acquisto di criptovaluta a intervalli regolari per un lungo periodo di tempo, invece che tutto in una volta. Questo aiuta a ridurre il rischio associato a mercati volatili, non investendo tutto il tuo denaro in un'unica operazione. L'idea è che quando i prezzi sono bassi, è possibile acquistare più unità per aumentare i rendimenti potenziali quando i prezzi si riprendono e salgono di nuovo. Con DCA, gli investitori possono anche beneficiare dell'effetto composto, che aumenta i rendimenti nel tempo man mano che i profitti vengono reinvestiti nel loro portafoglio. Inoltre, DCA elimina lo stress associato al tentativo di cronometrare il mercato e consente agli investitori di concentrarsi sull'effettuazione di investimenti coerenti in base ai propri obiettivi finanziari e ai livelli di tolleranza al rischio. Distribuendo l'approccio della media dei costi su un periodo di tempo più lungo, consente anche di appianare la volatilità in modo che gli investitori non vedano alti e bassi drastici nei loro investimenti ogni giorno o settimana.

6. RISCHI E OPPORTUNITÀ DELL'INVESTIMENTO IN CRIPTOVALUTE

Uno dei maggiori rischi associati all'investimento in criptovalute è la volatilità dei loro prezzi. I prezzi delle principali monete come Bitcoin ed Ethereum possono fluttuare selvaggiamente nel giro di pochi giorni o addirittura ore, rendendo difficile prevedere con precisione il valore futuro del tuo investimento. Inoltre, la maggior parte delle criptovalute non dispone di una regolamentazione che le rende vulnerabili ad attività fraudolente come il riciclaggio di denaro e le truffe relative alle ICO (offerte iniziali di monete). Inoltre, se acquisti criptovalute da un exchange che viene violato, potresti perdere completamente le tue risorse digitali. Allo stesso tempo, ci sono molte opportunità quando si tratta di investire in criptovalute. Ad esempio, alcuni investitori considerano le criptovalute come un modo per diversificare i propri portafogli e proteggersi dall'inflazione. I token crittografici offrono anche modi più efficienti per trasferire fondi tra le parti senza fare affidamento sui sistemi bancari tradizionali o sulle valute governative. Inoltre, la tecnologia blockchain ha il potenziale per rivoluzionare molti settori diversi rimuovendo gli intermediari e consentendo transazioni più veloci a costi inferiori rispetto al passato.

Volatilità Dei Prezzi

La volatilità dei prezzi è una delle caratteristiche chiave delle criptovalute e della tecnologia blockchain. Si riferisce alla fluttuazione dei prezzi in un periodo di tempo, che è spesso imprevedibile e altamente volatile. È noto che le criptovalute subiscono aumenti e diminuzioni drammatiche del loro valore a causa di fattori quali speculazioni di mercato, modifiche normative e violazioni della sicurezza. Di conseguenza, gli investitori possono potenzialmente guadagnare grandi profitti o subire gravi perdite a seconda di quando decidono di entrare o uscire dal mercato. Inoltre, la volatilità dei prezzi può causare instabilità economica e rendere difficile per gli utenti prevedere con precisione i prezzi futuri. Per mitigare questi rischi, gli investitori devono prendere in considerazione varie strategie come l'acquisto di monete con scarsa liquidità o il mantenimento di attività per periodi di tempo più lunghi fino a quando non si vedono prezzi più stabili. In definitiva, la volatilità dei prezzi è diventata una parte inevitabile del trading di valute digitali mentre si esplora il potenziale che le criptovalute e la tecnologia blockchain offrono nel rivoluzionare il nostro sistema finanziario.

Scenari Di Fallimento E Rischi Di Mercato

Gli scenari di fallimento per le criptovalute e la tecnologia blockchain presentano nuove sfide per gli investitori. Uno dei maggiori rischi associati a queste nuove attività è quello del rischio di controparte, che si riferisce alla possibilità che una terza parte non adempia ai propri obblighi contrattuali. Ciò potrebbe comportare perdite significative se un investitore detiene monete o gettoni emessi da un'entità fallita. È importante che gli investitori eseguano la dovuta diligenza prima di investire in qualsiasi tipo di criptovaluta o asset basato su blockchain, poiché questi tipi di investimenti sono in gran parte non regolamentati e possono avere requisiti di divulgazione limitati. Anche i rischi di mercato associati alle criptovalute e alle tecnologie blockchain devono essere considerati quando si prendono decisioni di investimento. La volatilità rimane uno dei principali rischi associati agli investimenti in valuta digitale, poiché i prezzi possono oscillare in modo significativo in brevi periodi di tempo a causa della speculazione e delle forze di mercato. Inoltre, la liquidità può essere un problema per alcune valute digitali; potrebbe volerci del tempo prima che gli utenti trovino acquirenti disposti ad acquistare le loro monete al prezzo desiderato. Infine, i governi di tutto il mondo continuano a emanare regolamenti relativi alle criptovalute e alle tecnologie blockchain che potrebbero influire sui prezzi o addirittura rendere illegali determinate attività in determinate giurisdizioni; gli investitori dovrebbero prestare molta attenzione quando prendono decisioni di investimento in questo spazio.

Opportunità Di Investimento E Vantaggi

Investire in criptovalute e tecnologia blockchain sta diventando un'opzione sempre più allettante per le persone che vogliono diversificare i propri portafogli. Con il potenziale per generare rendimenti elevati, maggiore liquidità e costi di transazione inferiori, molti investitori stanno vedendo i potenziali vantaggi dell'investimento in queste tecnologie emergenti. La natura decentralizzata delle criptovalute significa che le transazioni possono essere condotte senza fare affidamento su terzi, come una banca o una società di carte di credito. Ciò elimina le costose commissioni degli intermediari e rende le transazioni più veloci e sicure. Inoltre, la tecnologia blockchain ha il potenziale per rivoluzionare i modelli di business esistenti eliminando le inefficienze e aumentando la trasparenza. Gli investitori possono capitalizzare questa tendenza investendo in società che sfruttano la tecnologia blockchain per le loro operazioni, come le banche che implementano sistemi di registro distribuito o negozi al dettaglio online che utilizzano contratti intelligenti per l'elaborazione dei pagamenti.

Inoltre, poiché la criptovaluta si basa su una fornitura limitata di monete, offre agli investitori un'opportunità unica di ottenere un'esposizione alle risorse digitali con un rischio limitato rispetto alle classi di attività tradizionali come azioni o obbligazioni. Con la possibilità di scambiare facilmente criptovaluta su più borse in tutto il mondo, gli investitori hanno accesso ai mercati 24 ore su

24, 7 giorni su 7, che consentono loro di sfruttare i movimenti del mercato in modo rapido ed economico. Questi vantaggi rendono le criptovalute un'interessante opportunità di investimento per coloro che cercano un potenziale di crescita a lungo termine insieme a guadagni a breve termine da strategie di trading attive.

7. SICUREZZA E PRIVACY NEL TRADING DI CRIPTOVALUTE

Il trading di criptovalute sta diventando sempre più popolare, poiché i trader cercano nuovi modi per fare soldi. Tuttavia, ci sono alcuni rischi associati al trading di criptovaluta che devono essere presi in considerazione. La sicurezza e la privacy nel trading di criptovalute sono un elemento cruciale di qualsiasi impresa di successo nel mondo delle risorse digitali. Uno degli aspetti più importanti della sicurezza è garantire che i fondi non vengano rubati o utilizzati in modo improprio da malintenzionati. Ciò significa utilizzare password complesse, autenticazione a due fattori e altre misure per proteggere gli account da accessi non autorizzati. È anche importante utilizzare portafogli che forniscano buoni algoritmi di crittografia e metodi di archiviazione sicuri per le chiavi private. Inoltre, i trader non dovrebbero mai condividere le proprie chiavi private o password con nessun altro. Un altro aspetto chiave quando si tratta di sicurezza nel trading di criptovalute è la protezione della privacy. La protezione dei dati personali come nomi, indirizzi, numeri di telefono, indirizzi e-mail ecc., può aiutare a garantire che la propria identità rimanga anonima mentre si svolgono attività online come il trading di criptovalute. L'uso di VPN (reti private virtuali) può fornire ulteriori livelli di sicurezza quando si accede a scambi o altri siti Web correlati in cui informazioni sensibili possono essere archiviate o scambiate tra le parti coinvolte nelle transazioni. Inoltre, i trader dovrebbero effettuare ricerche approfondite prima di affidare a terzi il proprio denaro; assicurandosi che siano legittimi e affidabili in modo che i fondi degli utenti non vadano persi lungo il percorso a causa di negligenza o frode da parte del fornitore di servizi.

Sicurezza Dei Wallet Per Criptovalute

I portafogli di criptovaluta sono portafogli digitali utilizzati per archiviare, inviare e ricevere valute virtuali. Per garantire la sicurezza dei portafogli di criptovaluta, il portafoglio deve essere sottoposto a backup con una chiave privata o una frase seme. La chiave privata è un codice alfanumerico che consente l'accesso all'indirizzo del portafoglio e a tutto il suo contenuto. È essenziale che queste chiavi siano mantenute segrete e sicure in quanto servono come prova di proprietà delle proprietà del portafoglio. Inoltre, è importante che gli utenti mantengano i loro portafogli aggiornati con l'ultima versione del software per proteggerli da vulnerabilità o bug che gli hacker potrebbero utilizzare per ottenere l'accesso. Inoltre, l'autenticazione a due fattori sugli accessi può essere utilizzata anche come ulteriore livello di sicurezza per i portafogli di criptovaluta. Ciò richiede agli utenti di fornire due diverse forme di identificazione come una password e un passcode monouso inviato tramite e-mail o messaggio di testo quando tentano di accedere ai propri account. Con queste misure aggiuntive in atto, gli utenti possono sentirsi più sicuri riguardo alle loro risorse digitali archiviate nei loro portafogli di criptovaluta.

Protezione Dei Dati Personali

L'uso della tecnologia blockchain nelle valute digitali ha creato un sistema sicuro ed efficiente per la protezione dei dati personali. Le criptovalute, come Bitcoin ed Ethereum, offrono agli utenti una privacy completa durante l'invio e la ricezione di pagamenti poiché tutte le transazioni vengono condotte attraverso un registro crittografato ospitato su più computer. Ciò garantisce che nessuna persona possa accedere o modificare i dati senza l'autorizzazione della rete. Inoltre, le reti blockchain sono progettate per essere trasparenti, consentendo agli utenti di tenere traccia della propria cronologia delle transazioni senza rivelare dettagli sensibili sulla propria identità o informazioni finanziarie. Man mano che sempre più persone si spostano verso le valute digitali, vi è una crescente necessità di ulteriori misure di sicurezza per garantire che i dati personali rimangano protetti da malintenzionati. Le aziende hanno adottato misure per aumentare la privacy degli utenti con funzionalità come portafogli multi-firma e livelli di crittografia aggiuntivi che forniscono una protezione aggiuntiva contro le minacce esterne. Inoltre, le autorità di regolamentazione di tutto il mondo hanno iniziato ad attuare leggi e regolamenti volti a proteggere i dati degli utenti e promuovere la trasparenza nel settore delle criptovalute. In definitiva, questi sforzi stanno contribuendo a creare un ambiente sicuro per le criptovalute in modo che gli utenti possano archiviare con sicurezza le proprie informazioni personali online senza timore che vengano compromesse o rubate.

Come Evitare Le Truffe E Gli Scam

Quando si tratta di criptovalute e blockchain, il futuro del denaro digitale sembra molto promettente. Come con qualsiasi nuova tecnologia, tuttavia, ci sono rischi associati a questi sistemi. Uno dei maggiori problemi è evitare truffe o attività fraudolente che possono verificarsi quando si utilizzano criptovalute e tecnologia blockchain. Ecco alcuni suggerimenti per aiutarti a stare al sicuro: prima di tutto, fai sempre le tue ricerche prima di investire in qualsiasi tipo di criptovaluta o prodotto relativo alla blockchain. Assicurati di capire come funziona il sistema e quali sono i suoi fattori di rischio. Inoltre, assicurati di verificare tutte le informazioni sul prodotto prima di prendere qualsiasi decisione, inclusa la ricerca dell'azienda dietro di esso e il suo stato legale. In secondo luogo, prendi ulteriori precauzioni quando si tratta di portafogli o scambi online per conservare i tuoi cripto-asset. Assicurati di utilizzare solo fornitori di portafogli affidabili che dispongono di sistemi sicuri per la gestione delle transazioni in valuta virtuale. È anche importante mantenere sicure tutte le password relative al tuo portafoglio di criptovalute e non condividerle mai con nessun altro. Infine, fai sempre attenzione ai potenziali tentativi di phishing da parte di attori malintenzionati che potrebbero tentare di indurti a fornire informazioni finanziarie sensibili inviando e-mail false o offerte relative a investimenti in criptovalute o prodotti con tecnologia blockchain.

8. CONCLUSIONI E PROSPETTIVE FUTURE DELLE CRIPTOVALUTE

Le criptovalute e la blockchain sono uno sviluppo entusiasmante nel mondo finanziario e le loro prospettive future continuano a sembrare promettenti. Man mano che sempre più persone vengono a conoscenza della tecnologia, il suo utilizzo dovrebbe crescere in modo esponenziale. Le criptovalute vengono già utilizzate per un'ampia varietà di scopi, dall'acquisto di beni e servizi all'effettuazione di investimenti e al trasferimento di denaro. Inoltre, la tecnologia blockchain alla base delle criptovalute può essere utilizzata per altre applicazioni come contratti intelligenti o monitoraggio della catena di approvvigionamento.

Il futuro delle criptovalute è pieno di potenziali opportunità ma anche di alcune sfide che devono essere affrontate prima che possano raggiungere il loro pieno potenziale. Una delle principali sfide sarà garantire maggiori misure di sicurezza in modo che le valute digitali rimangano al sicuro da hacker e altri malintenzionati. Inoltre, le normative dovranno evolversi insieme a questa tecnologia in rapida evoluzione per garantire che venga utilizzata in modo responsabile. Infine, è necessaria una maggiore educazione pubblica sulla criptovaluta in modo che più persone possano trarre vantaggio dai suoi vari vantaggi senza temere di essere truffati o di cadere vittima di truffatori online. Nel complesso, le prospettive future per le criptovalute appaiono brillanti poiché sempre più aziende iniziano ad accettarle come metodi di pagamento e le autorità di regolamentazione internazionali lavorano insieme per creare normative adeguate per loro. La tecnologia blockchain sottostante ha il potenziale per rivoluzionare molti settori introducendo transazioni digitali sicure con una velocità quasi istantanea a basso costo, cosa non realizzabile oggi con i sistemi bancari tradizionali.

Analisi Dei Trend Del Mercato Delle Criptovalute

Le tendenze del mercato delle criptovalute cambiano costantemente, rendendo difficile prevedere dove saranno i prezzi in futuro. Analizzare queste tendenze è essenziale per coloro che vogliono prendere decisioni informate quando investono in criptovalute. Un modo per analizzare le tendenze del mercato delle criptovalute è guardare l'offerta e la domanda complessive all'interno del mercato. È importante considerare quanto di un particolare criptovaluta circola e quante nuove monete vengono rilasciate. Queste informazioni possono fornire informazioni sul fatto che una particolare moneta sia stata sopravvalutata o sottovalutata e se valga la pena investire ora o aspettare tempi migliori. Inoltre, lo studio dell'attività di transazione all'interno di vari scambi può fornire indizi su quali monete vengono scambiate attivamente e quali potrebbero perdere il loro fascino tra gli investitori. Tenendo d'occhio questo tipo di dati, gli investitori possono prendere decisioni più informate su quando acquistare e vendere determinate criptovalute. Infine, guardare eventi di notizie che potrebbero avere un impatto sui mercati delle criptovalute, come regolamenti o sviluppi della sicurezza, può anche aiutare a guidare i trader nella previsione dei movimenti futuri dei prezzi di diverse valute. Rimanendo aggiornati con tutti questi elementi, i trader possono stare un passo avanti rispetto alla concorrenza quando fanno trading di criptovalute.

Prospettive Future Del Trading Di Criptovalute

Il trading di criptovalute è cresciuto in modo significativo nell'ultimo decennio, poiché sempre più persone sono diventate consapevoli del suo potenziale di rendimenti significativi. Man mano che la tecnologia blockchain continua a svilupparsi, il trading di criptovalute diventerà probabilmente ancora più popolare in futuro. Con la crescente adozione e regolamentazione delle valute digitali, i mercati delle criptovalute dovrebbero diventare più liquidi ed efficienti. Ciò potrebbe attrarre investitori istituzionali che cercano un modo sicuro e trasparente per investire in asset digitali. Inoltre, nuove tecnologie come gli scambi decentralizzati potrebbero contribuire a rendere il trading di criptovalute più facile e accessibile in futuro. Infine, i progressi nell'intelligenza artificiale (AI) potrebbero consentire ai trader di automatizzare le loro transazioni e ridurre significativamente i costi di transazione. Tutti questi sviluppi indicano un futuro entusiasmante per il trading di criptovalute che potrebbe potenzialmente offrire enormi ricompense agli investitori se saranno in grado di navigare in modo efficace nelle condizioni di mercato in continua evoluzione.

Considerazioni Finali E Raccomandazioni Per Il Futuro

È chiaro che le criptovalute e la blockchain sono il futuro del denaro digitale. Le criptovalute possono fornire un modo efficiente, sicuro ed economico per archiviare e trasferire valore. Con l'aumento della popolarità delle criptovalute, sempre più aziende stanno iniziando ad accettarle come metodi di pagamento, rendendole ancora più utili per le transazioni quotidiane. Inoltre, la tecnologia blockchain può essere utilizzata per creare nuove forme di denaro digitale come contratti intelligenti o mercati decentralizzati che potrebbero rivoluzionare il modo in cui conduciamo affari o scambiamo beni. Tuttavia, è importante riconoscere che ci sono ancora molte sfide che devono affrontare sia le criptovalute che la tecnologia blockchain prima che diventino una parte completamente integrata del nostro sistema finanziario. Come con qualsiasi nuova tecnologia, deve esserci una regolamentazione in atto per garantirne la sicurezza e l'equità per tutti gli utenti. Inoltre, i governi devono lavorare insieme sulle normative internazionali poiché la criptovaluta è per natura senza confini. Infine, occorre fornire una maggiore istruzione affinché le persone comprendano come funziona questa nuova forma di finanziamento e possano utilizzarla in modo responsabile. Affrontando questi problemi ora, possiamo garantire una transizione sicura nel mondo futuro del denaro digitale alimentato da criptovalute e tecnologia blockchain.